Y Ddaear

Leonie Pratt

Dylunio gan Zöe Wray

Lluniau gan Andy Tudor

Lluniau ychwanegol gan Tim Haggerty

Ymgynghorydd y Ddaear: Dr. Gillian Foulger, Adran Gwyddorau'r Ddaear, Prifysgol Durham
Addasiad Cymraeg: Elin Meek

Cynnwys

Neifion

Wranws

Sadwrn

Lle yn y gofod

Rwyt ti'n byw ar y Ddaear, un o'r wyth o blanedau sy'n symud o gwmpas yr Haul.

Iau

Mawrth

Y Ddaear

Gwener

Mercher

Yr Haul

Mae gwyddonwyr yn meddwl mai'r Ddaear yw'r unig blaned lle mae rhywbeth yn byw.

Popeth am y Ddaear

Mae pethau'n gallu byw ar y Ddaear achos bod y cymysgedd cywir o wres, aer a dŵr yma.

Mae'r Haul yn cadw'r blaned yn gynnes.

Mae angen aer ar bethau byw – pobl, anifeiliaid a phlanhigion – i anadlu.

Mae dŵr dros hanner y Ddaear. Mae angen dŵr ar bopeth byw i gadw'n fyw.

Craidd yw enw
canol y blaned.
Mae hi'n boeth
iawn, iawn yma.

O gwmpas y craidd mae'r fantell.
Mae'r creigiau yma mor boeth,
maen nhw ychydig yn feddal.

Mae haen denau o graig
solet dros y fantell.
Cramen yw'r enw arni.

Y Ddaear yn symud

Mae sawl darn i gramen y Ddaear.

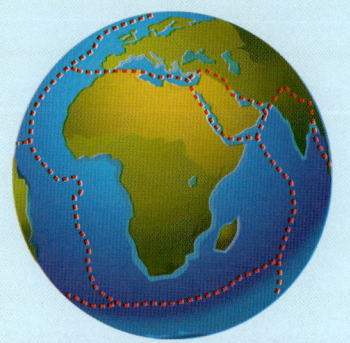 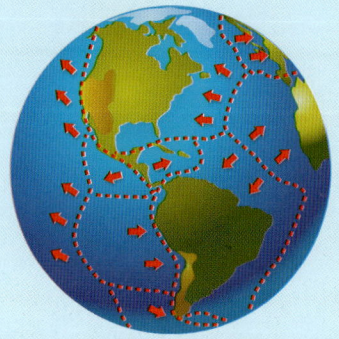

Mae darnau'r gramen yn mynd at ei gilydd o gwmpas y Ddaear.

Yn araf, araf iawn, mae darnau'r gramen yn symud o gwmpas.

Ffawt yw enw'r lle mae'r darnau'n llithro heibio i'w gilydd.

Mae darnau o gramen yn gallu symud yn llyfn ar hyd ffawt, ond weithiau maen nhw'n mynd yn sownd.

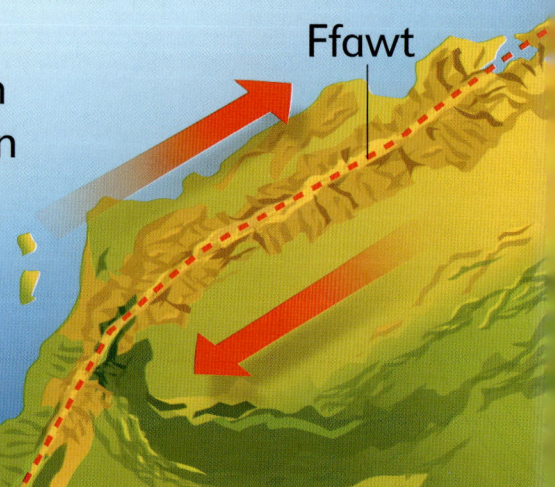

Ffawt

Weithiau mae darnau sy'n sownd yn dechrau llithro heibio i'w gilydd. Mae'r tir uwchben yn crynu ac yn cracio. Daeargryn yw hyn.

Mae daeargrynfeydd yn gallu dinistrio adeiladau a rhwygo ffyrdd.

Mae 'daeargrynfeydd' ar y lleuad.
Lloergrynfeydd yw'r enw arnyn nhw.

Mynyddoedd mawr

Wrth i'r gramen symud, mae'n gwthio peth o'r tir i fyny'n araf i wneud mynyddoedd uchel.

Yr Alpau, yn Ewrop, yw'r mynyddoedd yn y llun hwn. Cymerodd hi filiynau o flynyddoedd iddyn nhw fynd mor dal â hyn.

Mae rhai mynyddoedd, fel mynyddoedd Himalaia, yn tyfu bob blwyddyn.

Mae eira ar y copaon
achos bod yr aer yn
oer i fyny fry . . .

. . . felly mae gan eifr
mynydd gotiau trwchus
i gadw'n gynnes.

9

Llosgfynyddoedd

Mae craig boeth o'r fantell yn gallu codi drwy graciau yn y gramen ac arllwys ar y tir fel llosgfynydd.

Dyma losgfynydd yn echdorri.

Lafa yw enw'r graig boeth sy'n dianc.

Mae rhai pobl yn Hawaii yn meddwl bod duwies tân yn byw mewn llosgfynydd.

Mae llosgfynyddoedd yn echdorri
mewn gwahanol ffyrdd.

Mae echdoriadau ffyrnig
yn taflu lludw a nwy'n
uchel i'r awyr.

Weithiau mae
llosgfynyddoedd yn
taflu lympiau o lafa
poeth, gludiog.

Mae rhai llosgfynyddoedd
yn tasgu lafa rhedegog
o grac hir yn y tir.

Creigiau dros y byd

Mae'r holl dir ar y Ddaear wedi'i wneud o graig. Mae tri phrif fath o graig.

Mae craig fetamorffig wedi cael ei choginio'n ddwfn yng nghramen y ddaear, lle mae'n boeth iawn.

Mae craig igneaidd yn ffurfio pan fydd lafa o losgfynydd yn oeri yn yr aer ac yn caledu.

Mae gemau fel diemwntau, rhuddemau ac emrallt mewn creigiau.

Mae craig waddodol wedi'i gwneud o haenau
o fwd neu dywod wedi'u gwasgu at ei gilydd.

Mae'r haenau gwahanol yn y
graig hon yn rhoi streipiau.

Afonydd chwim

Pan fydd hi'n bwrw glaw neu eira ar y mynyddoedd, dydy'r graig galed ddim yn gallu amsugno'r dŵr i gyd.

Mae dŵr yn diferu i lawr o'r tir uchel mewn nant fechan.

Mae llawer o nentydd yn ymuno i wneud afon fawr.

Mae'r afon yn llifo i lawr, yr holl ffordd i'r môr.

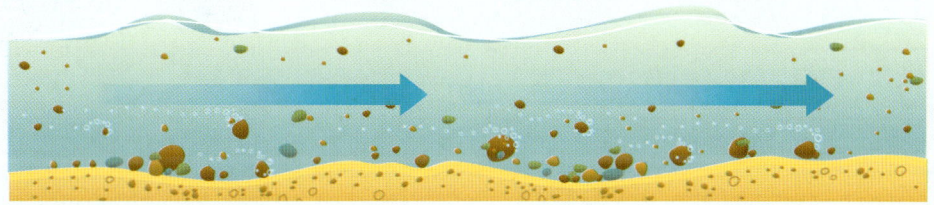

Mae afon sy'n llifo'n gyflym yn codi llawer o gerrig a cherigos o wely'r afon.

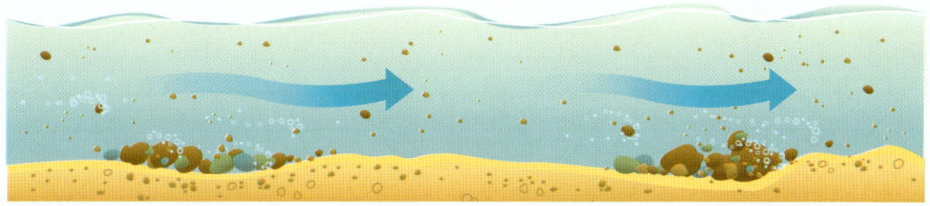

Wrth i'r afon arafu, mae'n gollwng y cerrig trymach, ond mae'n dal i gario'r cerigos.

Wrth i'r afon fynd yn nes at y môr, mae'n arafu cymaint fel ei bod yn gollwng popeth bron.

Afon Nîl yn Affrica yw'r afon hiraf yn y byd. Mae'n bosib ei gweld hi o'r gofod.

Treulio a gwisgo

Mae afonydd yn newid siâp y tir wrth lifo drosto.

Mae afon yn llifo dros y tir, gan godi cerrig a phridd o'r tir.

Mae'r cerrig yn symud ar hyd gwely'r afon, gan wneud rhigol yn y tir.

Dros sawl blwyddyn, mae'r afon yn cerfio cwm i'r tir.

Dyma Grand Canyon yn UDA. Cymerodd hi filiynau o flynyddoedd i'r afon dreulio'r ceunant dwfn hwn.

Ogofâu tanddaearol

Dydy pob afon ddim yn llifo dros y tir – mae rhai'n llifo oddi tano. Mae afonydd sy'n llifo o dan ddaear yn gallu treulio'r graig a gwneud ogofâu.

Mae stalactidau'n hongian o do ogofâu.

Mae stalagmidau'n tyfu o'r llawr.

Mae stalactidau a stalagmidau'n tyfu dros filoedd o flynyddoedd. Mae dŵr sy'n diferu'n cario gronynnau bach o graig i'r ogof.

Ar waliau rhai ogofâu, mae paentiadau a gafodd eu gwneud filoedd o flynyddoedd 'nôl.

Oer, oer, oer

Mae peth o'r dŵr ar y Ddaear wedi'i rewi'n iâ drwy'r rhan fwyaf o'r flwyddyn.

Antarctica yw'r lle oeraf yn y byd.

Mae eira dros y tir, ac mae mynyddoedd iâ'n arnofio yn y môr.

1. Mae iâ'n symud o'r tir ac yn arnofio ar y môr.

2. Mae'r môr yn symud i fyny ac i lawr gan wneud i'r iâ gracio.

Yn Antarctica, mae hi mor oer yn y gaeaf, mae'r môr yn rhewi.

3. Mae'r crac yn tyfu tan i flocyn o iâ dorri.

4. Mae'r blocyn yn arnofio yn y môr fel mynydd iâ.

Arfordir

Yr arfordir yw'r man lle mae'r tir yn cwrdd
â'r môr.

Darnau bach o gregyn a chreigiau yw
tywod. Mae'r môr yn malu'r darnau yn
ronynnau mân, ac yn eu golchi i'r lan.

Mae tonnau'n taro yn erbyn clogwyn. Mae'r graig yn treulio i wneud bwa.

Mae darn uchaf y bwa'n cwympo i'r dŵr, ac yn gadael stac yn sefyll yn y môr.

Dyma stac.

Mae tywod du o graig folcanig ar rai traethau.

Dŵr dwfn

Mae cefnforoedd a moroedd dros fwy na
hanner y Byd. Mae llawer o wahanol bethau'n
byw yno.

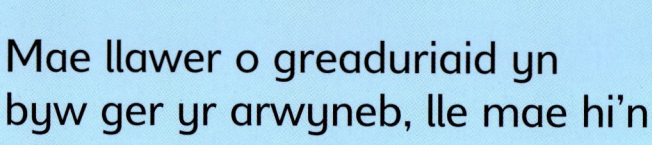

Mae llawer o greaduriaid yn
byw ger yr arwyneb, lle mae hi'n
olau ac mae'r dŵr yn gynnes.

Yn ddyfnach i lawr mae
hi'n dywyllach ac yn oerach.
Mae llai o bethau'n gallu
byw yma.

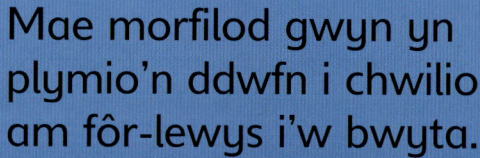

Mae morfilod gwyn yn
plymio'n ddwfn i chwilio
am fôr-lewys i'w bwyta.

Mae gwyddonwyr yn defnyddio llongau tanddwr fel hon i blymio'n ddwfn i'r môr ac archwilio llawr y cefnfor.

Mae rhai pysgod yn y môr dwfn yn goleuo yn y tywyllwch i ddenu pysgod bach – a'u bwyta!

Diffeithwch llychlyd

Diffeithwch yw'r mannau sychaf ar
y Ddaear. Ychydig iawn o law sy'n
syrthio ac mae'r tir yn sych a llychlyd.

Diffeithwch Sahara yn Affrica yw
un o'r rhai mwyaf yn y byd.

1. Hyd yn oed yno gall
dŵr gael ei ddal mewn
creigiau o dan ddaear.

2. Dros gyfnod hir,
mae'r dŵr yn cronni
ac yn ffurfio pwll.

Mae anifeiliaid y diffeithwch yn aros o dan ddaear yn ystod y dydd ac yn hela am fwyd yn ystod y nos.

3. Gwerddon yw'r enw ar blanhigion sy'n byw wrth y pwll.

4. Bydd pobl yn aros wrth werddon ar daith drwy'r diffeithwch.

Y Ddaear ryfeddol

Mae'r Ddaear yn lle rhyfeddol.

Yr Ynys Las yw'r ynys fwyaf yn y byd.

Gogledd America

Rhaeadr yr Angel, Venezuela, yw'r rhaeadr dalaf yn y byd. Mae'n 979m (3,212tr) o uchder.

De America

Chafodd rhai rhannau o ddiffeithwch Atacama yn Chile ddim glaw am 400 mlynedd.

Mynydd Everest yw'r lle uchaf yn y byd. Mae'n 8,850m (29,035tr) o uchder.

Mae rhan ddyfnaf Ffos Marianas tua 11,000m (36,089tr) o dan y dŵr.

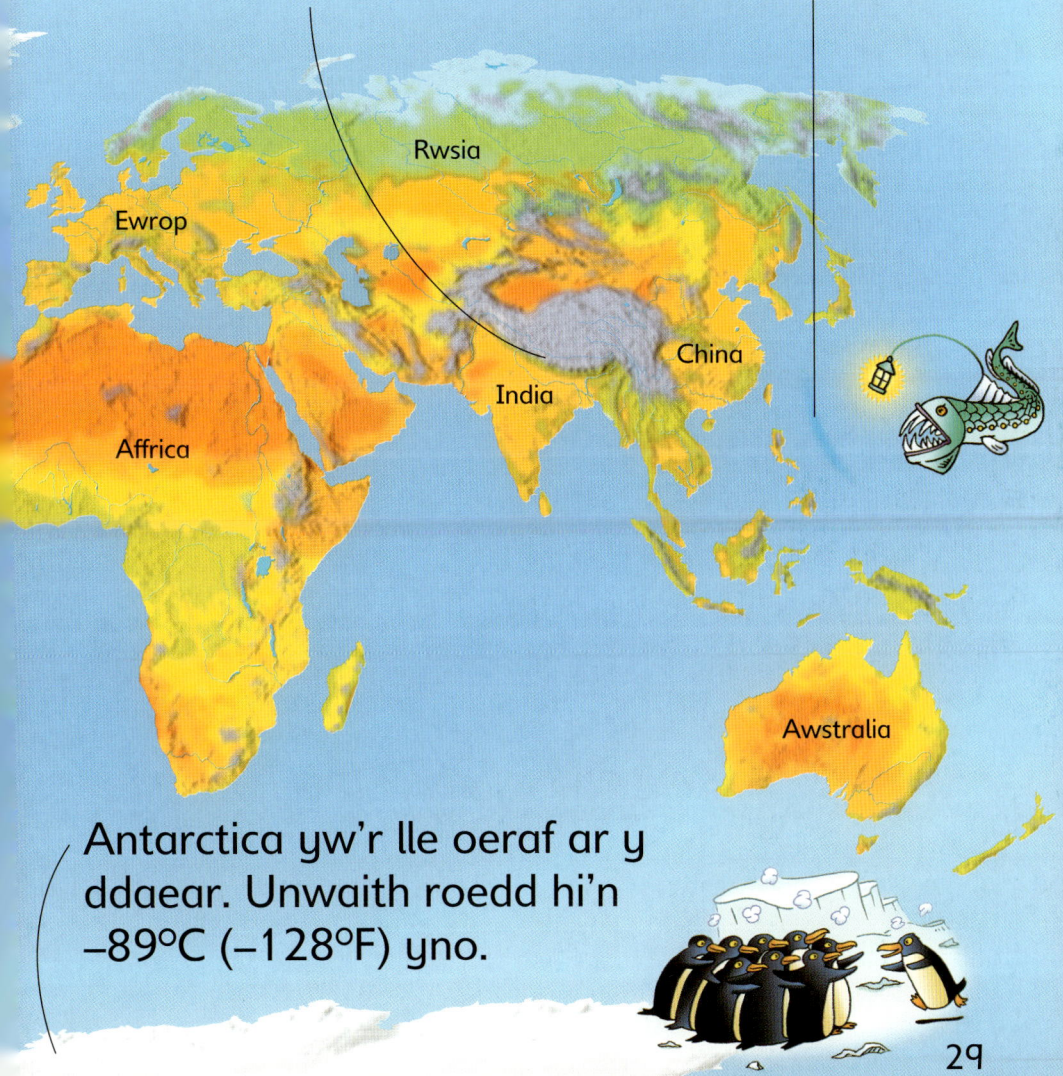

Rwsia

Ewrop

Affrica

India

China

Awstralia

Antarctica yw'r lle oeraf ar y ddaear. Unwaith roedd hi'n –89°C (–128°F) yno.

29

Geirfa'r Ddaear

Dyma rai o'r geiriau yn y llyfr hwn sy'n newydd i ti, efallai. Mae'r dudalen hon yn rhoi'r ystyr i ti.

 **ffawt** – y man lle mae dau ddarn o gramen yn cwrdd.

 **echdoriad** – pan fydd craig boeth yn arllwys ar y tir o losgfynydd.

 **lafa** – craig eirias wedi toddi sydd wedi dod o losgfynydd.

 **ceunant** – cwm neu ddyffryn dwfn, gyda llethrau serth sydd wedi'u cerfio gan afon.

 **mynydd iâ** – blocyn mawr o rew sy'n arnofio yn y môr.

 **diffeithwch** – man lle nad oes llawer o law'n syrthio mewn blwyddyn.

 **gwerddon** – pwll mewn diffeithwch lle mae dŵr wedi codi o'r ddaear.

Gwefannau diddorol

Os wyt ti'n gallu mynd at gyfrifiadur, mae llawer o bethau am y Ddaear ar y Rhyngrwyd. Ar Wefan 'Quicklinks' Usborne mae dolenni i bedair gwefan hwyliog.

Gwefan 1 – Mynd o gwmpas y blaned.

Gwefan 2 – Gwneud dy losgfynydd dy hun.

Gwefan 3 – Gêm hwyliog am greigiau.

Gwefan 4 – Plymio mewn llong danddwr i weld beth sydd o dan y môr.

I ymweld â'r gwefannau hyn, cer i **www.usborne-quicklinks.com**. Darllena ganllawiau diogelwch y Rhyngrwyd, ac yna teipia'r geiriau allweddol "beginners plannet earth".

Caiff y gwefannau hyn eu hadolygu'n gyson a chaiff y dolenni yn 'Usborne Quicklinks' eu diweddaru. Fodd bynnag, nid yw Usborne Publishing yn gyfrifol, ac nid yw chwaith yn derbyn atebolrwydd, am gynnwys neu argaeledd unrhyw wefan ac eithrio'i wefan ei hun. Rydym yn argymell i chi oruchwylio plant pan fyddant ar y Rhyngrwyd.

Mae'r creigiau hyn yn Monument Valley, UDA.

Mynegai

Cydnabyddiaeth

Gyda diolch i Helen Wood, Erica Harrison a John Russell
Llun y map ar t. 28-29 gan Craig Asquith, European Map Graphics Ltd.

Lluniau

Mae'r cyhoeddwyr yn ddiolchgar i'r canlynol am yr hawl i atgynhyrchu eu deunydd:
ⓜ Bruce Coleman Inc./Alamy clawr; Digital Vision 31; ⓜ Gabe Palmer/Corbis 1; ⓜ Henry Westheim Photography/Alamy 7; ⓜ image broker/Alamy 18-19; ⓜ Jim Sugar/Corbis 10; ⓜ Joel Simon/Digital Vision 20-21; ⓜ Joseph Sohm/Visions of America/Corbis 13; ⓜ Marc Garanger/Corbis 8-9; ⓜ Michael Howard/Alamy 22-23; ⓜ NASA 2-3, 5; ⓜ Photo by Rod Catanach, Woods Hole Oceanographic Institution 25; ⓜ Ron Watts/Corbis 17.

Cyhoeddwyd gyda chefnogaeth Llywodraeth Cynulliad Cymru.

Cyhoeddwyd gyntaf yn 2007 gan Usborne Publishing Ltd., Usborne House, 83-85 Saffron Hill, Llundain EC1N 8RT.
Cyhoeddwyd gyntaf yng Nghymru yn 2010 gan Wasg Gomer, Llandysul, Ceredigion, SA44 4JL.
www.gomer.co.uk
Cedwir pob hawl. Argraffwyd yn China.

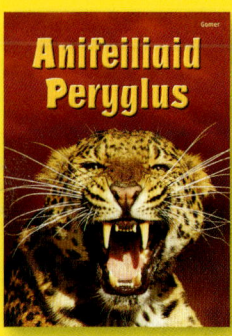

Anifeiliaid Peryglus

Bale

Byw yn y gofod

Ceffylau a Merlod

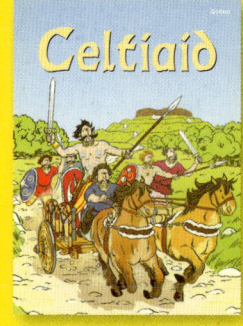

Celtiaid

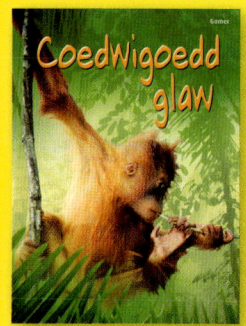

Coedwigoedd glaw

Cŵn

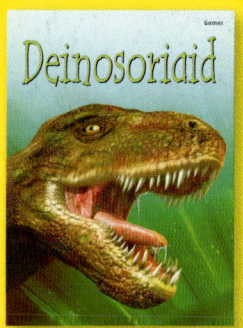

Deinosoriaid

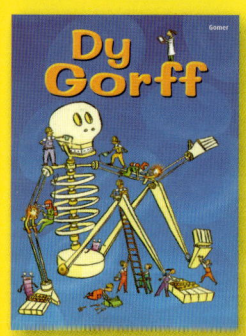

Dy Gorff

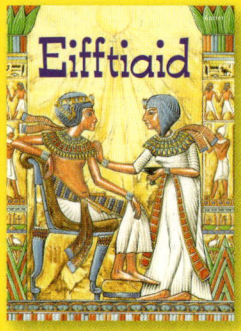

Eifftiaid